新 HSK（五级）
高分实战试卷
7

刘 云 主编

图书在版编目(CIP)数据

新 HSK(五级)高分实战试卷.7 / 刘云主编.—北京:北京大学出版社,2012.10
(北大版新 HSK 应试辅导丛书)
ISBN 978-7-301-21233-2

Ⅰ.新… Ⅱ.刘… Ⅲ.汉语－对外汉语教学－水平考试－习题集 Ⅳ.H195-44

中国版本图书馆 CIP 数据核字(2012)第 215532 号

书　　　　名：	新 HSK(五级)高分实战试卷7
著作责任者：	刘　云　主编
责 任 编 辑：	沈萌萌
标 准 书 号：	ISBN 978-7-301-21233-2/H·3137
出 版 发 行：	北京大学出版社
地　　　　址：	北京市海淀区成府路 205 号　100871
网　　　　址：	http://www.pup.cn
电 子 邮 箱：	zpup@pup.pku.edu.cn
电　　　　话：	邮购部 62752015　发行部 62750672　编辑部 62752028 出版部 62754962
印　　刷　　者：	三河市博文印刷厂
经　　销　　者：	新华书店
	787 毫米×1092 毫米　16 开本　3.25 印张　65 千字
	2012 年 10 月第 1 版　2012 年 10 月第 1 次印刷
定　　　　价：	12.00 元

未经许可,不得以任何方式复制或抄袭本书之部分或全部内容。
版权所有,侵权必究　举报电话:010 - 62752024
　　　　　　　　　　　电子邮箱:fd@pup.pku.edu.cn

目 录

一、听　力 ……………………………………………………… 1

二、阅　读 ……………………………………………………… 5

三、书　写 ……………………………………………………… 16

　答案 …………………………………………………………… 18

　听力材料及听力部分题解 …………………………………… 20

　阅读部分题解 ………………………………………………… 33

新 HSK（五级）

注　　意

一、HSK（五级）分三部分：

1. 听力（45 题，约 30 分钟）

2. 阅读（45 题，40 分钟）

3. 书写（10 题，40 分钟）

二、**答案先写在试卷上，最后 10 分钟再写在答题卡上。**

三、全部考试约 125 分钟（含考生填写个人信息时间 5 分钟）。

中国　北京　　　　　　　　ХХХХ/ХХХХХХХ　　编制

一、听 力

(听力内容请登录 http://www.pup.cn/dl/newsmore.cfm?sSnom=d203 下载)

第一部分

第1—20题:请选出正确答案。

1. A 找工作 B 拿东西
   C 找朋友 D 退衣服

2. A 喜欢唱歌 B 不会上网
   C 会做家务 D 爱好不多

3. A 师生 B 母子
   C 夫妻 D 父女

4. A 男的很倒霉 B 刘红很乐观
   C 女的很痛苦 D 刘红要换工作

5. A 上网很方便 B 练字需要耐心
   C 要有选择地看书 D 静心练字的人不多

6. A 信封 B 胶水
   C 邮票 D 名片

7. A 注意休息 B 多走楼梯
   C 不要加班 D 少喝可乐

8. A 看小说 B 写作业
   C 看电视 D 练书法

9. A 环境 B 影视
   C 感情 D 经济

10. A 会计 B 销售员
    C 体育教练 D 人事部经理

11. A 袜子破了 B 早饭不好吃
    C 时间还早 D 今天不系领带

12. A 最近很忙　　　　　　　　　　B 早上起得很晚
    C 想学打太极拳　　　　　　　　D 不想去公园散步

13. A 贷款很难　　　　　　　　　　B 他们想结婚
    C 他们经济紧张　　　　　　　　D 女的很单纯

14. A 摔坏了　　　　　　　　　　　B 掉水里了
    C 找不到了　　　　　　　　　　D 没接到电脑上

15. A 做错事情了　　　　　　　　　B 要表演节目
    C 怕见到男的　　　　　　　　　D 怕考试没通过

16. A 参加活动　　　　　　　　　　B 准备比赛
    C 收集资料　　　　　　　　　　D 写毕业论文

17. A 单纯　　　　　　　　　　　　B 大方
    C 害羞　　　　　　　　　　　　D 乐观

18. A 在买东西　　　　　　　　　　B 想开家小店
    C 今天没带钱　　　　　　　　　D 长得很漂亮

19. A 想换工作　　　　　　　　　　B 今天要加班
    C 没租到房子　　　　　　　　　D 旅游被取消了

20. A 去看母亲　　　　　　　　　　B 要参加比赛
    C 身体不舒服　　　　　　　　　D 要去接女的

第二部分

第21—45题:请选出正确答案。

21. A 应聘　　　　　　　　　　　B 销售东西
　　C 和经理聊天　　　　　　　　D 主持公司会议

22. A 手机没电了　　　　　　　　B 工作太忙了
　　C 男的发错了　　　　　　　　D 女的没收到

23. A 想做主持人　　　　　　　　B 喜欢看节目
　　C 做事很认真　　　　　　　　D 是一名律师

24. A 两块五　　　　　　　　　　B 三块
　　C 五块　　　　　　　　　　　D 六块

25. A 陪男的回家　　　　　　　　B 到单位报到
　　C 参观博物馆　　　　　　　　D 到市里买衣服

26. A 语言简练　　　　　　　　　B 内容不好
　　C 篇幅过长　　　　　　　　　D 有标点错误

27. A 夫妻　　　　　　　　　　　B 师生
　　C 同事　　　　　　　　　　　D 经理和秘书

28. A 害怕老鼠　　　　　　　　　B 在找钢笔
　　C 会修桌子　　　　　　　　　D 养了宠物

29. A 女的是明星　　　　　　　　B 女的要见经理
　　C 他们是合作伙伴　　　　　　D 男的喜欢收集字画

30. A 家里　　　　　　　　　　　B 车上
　　C 花店中　　　　　　　　　　D 超市里

31. A 快结婚了　　　　　　　　　B 经常生病
　　C 经常出错　　　　　　　　　D 性格不好

32. A 非常诚实　　　　　　　　　B 比较聪明
　　C 值得信任　　　　　　　　　D 做事很马虎

33. A 夫妻　　　　　　　　　　　　　　B 经营伙伴
　　C 经理和秘书　　　　　　　　　　D 摄影师和客人

34. A 幽默　　　　　　　　　　　　　　B 糊涂
　　C 勇敢　　　　　　　　　　　　　　D 乐观

35. A 海星很可爱　　　　　　　　　　　B 饭菜不好吃
　　C 餐馆不卫生　　　　　　　　　　　D 服务不到位

36. A 5%　　　　　　　　　　　　　　　B 10%
　　C 15%　　　　　　　　　　　　　　D 20%

37. A 实验没有成功　　　　　　　　　　B 快乐其实很简单
　　C 烦恼会自动减少　　　　　　　　　D 实验者心情不好

38. A 烦恼箱　　　　　　　　　　　　　B 快乐第一
　　C 心理测试　　　　　　　　　　　　D 实验者日记

39. A 公司　　　　　　　　　　　　　　B 银行
　　C 学校　　　　　　　　　　　　　　D 商场

40. A 没说实话　　　　　　　　　　　　B 要找工作
　　C 为人善良　　　　　　　　　　　　D 家里很有钱

41. A 安静　　　　　　　　　　　　　　B 害羞
　　C 聪明　　　　　　　　　　　　　　D 诚实

42. A 一　　　　　　　　　　　　　　　B 二
　　C 三　　　　　　　　　　　　　　　D 四

43. A 不计较得失　　　　　　　　　　　B 乐于助人
　　C 注意身体　　　　　　　　　　　　D 坚持到底

44. A 作家　　　　　　　　　　　　　　B 导演
　　C 主持人　　　　　　　　　　　　　D 运动员

45. A 家庭生活　　　　　　　　　　　　B 学术问题
　　C 选择道路　　　　　　　　　　　　D 购买东西

二、阅 读

第一部分

第46—60题：请选出正确答案。

46—48.

平等是一切正常交往的基础,任何__46__了以__47__为前提的情感关系都不可能获得正常的沟通方式和沟通效果。所以,我们必须真诚,尊重对方,真正把对方所说的话听进去,然后才能在互动的过程中,在合适的时候__48__出自己的见解。

46. A 消灭　　　B 失去　　　C 损失　　　D 省略

47. A 平衡　　　B 平均　　　C 平等　　　D 公平

48. A 取　　　　B 带　　　　C 提　　　　D 搬

49—52.

在医院里,一个中年妇女背着她丈夫爬楼梯,丈夫近200斤的__49__,可她却一步都不停顿。在二楼,一个送水的工人背着两大桶纯净水也在爬楼,累得满头大汗。他看见中年妇女背着一个很胖的男人上楼,心里很吃惊,__50__紧赶了几步对她说:"大姐,你体力很好啊!你看我背这两桶水差不多有50公斤,都累得不行,你背的大哥怎么也有80公斤,你却走得比我还快!"中年妇女说:"__51__。"说完,几步又把工人__52__在了下面。

49. A 体积　　　B 身高　　　C 尺寸　　　D 重量

50. A 忍不住　　B 怪不得　　C 舍不得　　D 说不定

51. A 你的力气太小了
　　B 他其实没那么重
　　C 我每天在家干活,习惯了
　　D 你背的只是两桶水,而我背的却是我亲人

52. A 扔　　　　B 踩　　　　C 甩　　　　D 挡

53—56.

著名作家巴金的读书方法十分奇特,因为他是在没有书本的情况下进行阅读的。读书而无书, 53 算得天下一奇了,这到底是怎么回事呢?巴金说:"我第二次住院治疗,每天午睡不到一小时,就下床坐在小沙发上, 54 护士同志两点钟来量体温。我坐着,一动也不动,但并没有睡觉。 55 。它在回忆我过去读过的一些书,一些作品,好像它想在我的记忆力完全失去之前, 56 下一点儿美好的东西。"

53. A 确定　　　　B 真实　　　　C 的确　　　　D 居然

54. A 等候　　　　B 希望　　　　C 请求　　　　D 嘱咐

55. A 我感觉非常累　　　　　B 我的脑子不肯休息
　　C 我在安排明天的事情　　D 我想我还可以继续写作

56. A 维护　　　　B 持续　　　　C 处理　　　　D 保留

57—60.

开心的人一定聪明。他们知道,烦恼是自寻的,快乐也是自己找的。既然人生不如意事常八九,不如不想八、九,常想一、二,并将一、二如意事放大拉长。仅仅变换一个 57 ,他们就能 58 。

开心的人一定自信,自信能让人精神饱满, 59 活力。在言谈和举手投足中,流露着美好而让人舒服的感觉。美貌可以让人骄傲一时,自信则可以让人骄傲一生。

开心的人一定笑口常开。笑是一种语言,一种文化,笑是发自内心的欢乐,它自然地流露出来, 60 着自己的快乐,表达着待人的友好。它是一朵含露的花,无论是献给别人还是留给自己,都是一件可爱的礼物。

57. A 愿望　　　　B 原则　　　　C 角度　　　　D 运气

58. A 改变了自己的理想　　　　B 可以得到自己想要的
　　C 能够到达成功的彼岸　　　D 赢得开心的理由和主动权

59. A 形成　　　　B 包括　　　　C 充满　　　　D 实现

60. A 承认　　　　B 体现　　　　C 幻想　　　　D 确认

第二部分

第61—70题：请选出与试题内容一致的一项。

61. 无叶风扇也叫空气增倍机,它能产生自然持续的凉风,因无叶片,不会伤到好奇儿童的手指。无叶风扇的设计理念源于空气叶片干手器。英国人戴森和中国浙江嵊州农民企业家胡国贤分别发明了无叶风扇。2009年11月26日,胡国贤向国家知识产权局申请了无风叶风扇发明专利,据说申请时间只比一家德国公司早两天。

    A 英国家电公司发明了无叶风扇
    B 有叶的风扇常常弄伤儿童的手指
    C 无叶风扇和空气叶片干手器一样
    D 不止胡国贤申请无叶风扇发明专利

62. 京广铁路客运专线又称京港高铁,北起首都北京,南至广州,全程2294公里,2012年年底建成通车。京广客运专线建成后,将使北京至广州车程,由现在的20小时缩短至8小时。目前,该专线武汉至广州段,已于2009年底通车运营,广州延伸至深圳段,已于2007年通车。

    A 京港高铁只能到广州
    B 京港高铁的部分路段已通车
    C 现在北京到广州需要坐8小时火车
    D 京港高铁包括京广铁路客运专线

63. 月牙泉,古称沙井,俗名药泉,位于甘肃省河西走廊西端的敦煌市。月牙泉南北长近100米,东西宽约25米,最宽处54米。泉水东深西浅,最深处约5米,弯曲如新月,因而得名,"药泉"之名是因为传说泉水可治百病。月牙泉自古有"沙漠第一泉"之称。

    A 月牙泉水西深东浅
    B 月牙泉东西宽54米
    C 月牙泉水可以治百病
    D 月牙泉在古代就很有名

64. 热干面与山西刀削面、两广伊府面、四川担担面、郑州烩面并称为中国五大名面。热干面既不同于凉面,又不同于汤面,面条事先煮熟,经过过冷和过油的工序,拌以香油、麻酱、虾米、五香酱菜等配料,酱汁香浓味美,让人食欲大增。热干面有武汉热干面和信阳热干面之分,二者做法大致相同,口味略有差异。

　　A 热干面经过过油工序再煮熟
　　B 热干面是中国五大名面之首
　　C 两种热干面做法和口味差不多
　　D 热干面和凉面、汤面都有所不同

65. 中国对"汗血马"的最早记录是在2100年前的西汉。在古代文学著作中,形容汗血马能够"日行千里,夜行八百"。经过测算,汗血马在平地上跑1000米仅需要1分7秒。汗血马还非常耐渴,即使在50摄氏度的高温下,一天也只需饮一次水,因此特别适合跑长途。

　　A 汗血马适合长途,不适合短途
　　B 汗血马跑1000米仅需1分7秒
　　C 中国在西汉前没有汗血马的记录
　　D 汗血马可以"日行千里,夜行八百"

66. 亚健康是介于健康与疾病之间的一种生理功能低下的状态,表现与我们常说的"慢性疲劳综合征"很相似。处于亚健康状态的人,虽然没有明确的疾病,但却容易出现精力和适应能力的下降,如果这种状态不能得到及时的改善,非常容易引起身心疾病。

　　A 亚健康使人容易疲劳
　　B 亚健康状态很难调整
　　C 繁忙的工作导致亚健康
　　D 亚健康是一种身心疾病

67. 针刺无骨花灯发源于浙江仙居,此地明清时为浙江东南部的重要商镇。相传无骨花灯源于唐朝,俗称"唐灯"。明清时技艺日趋发达,民国初发展到鼎盛,花色品种多达 80 余种。建国初期,由于不注意保护,花灯几乎失传。1985 年,经仙居县文化局大力挖掘,才使失传多年的花灯重放异彩,截至 2007 年已抢救恢复 27 种。

  A 无骨花灯源于唐朝
  B 无骨花灯有 80 多个花色品种
  C 一部分无骨花灯在建国后失传了
  D 浙江仙居是浙江东南部的重要商镇

68.《百家姓》成书于北宋初期,收集了单姓 444 个,复姓 60 个,共 504 个。《百家姓》的次序不按各姓氏人口的数量排列,是因为这种排序方法读起来顺口,孩子容易学习。"赵钱"成为《百家姓》前两姓是因为百家姓形成于宋朝的吴越钱塘地区,因此宋朝皇帝的"赵"姓、吴越国国王的"钱"姓就排在了最前面。

  A《百家姓》收集了 504 个单姓
  B《百家姓》的次序按各姓人口数量排列
  C《百家姓》也是孩子用来学习的书
  D "赵钱孙李"是宋朝皇帝和国王的姓

69. 冯如是中国航空之父,立志依靠中国自己的力量制造飞机。1909 年他在美国得到华人支持,正式成立广东飞行器公司,并担任总工程师,公司于当年便投入制造飞机。1909 年 9 月 21 日,第一次试飞失败。1910 年他制造了第二架飞机,并在 10 月至 12 月进行飞行表演,大获成功。

  A 冯如 1909 年开始制造飞机
  B 广东飞行器公司是在广东成立的
  C 冯如立志依靠自己的力量在中国制造飞机
  D 冯如在 1910 年 10 月至 12 月制造了第二架飞机

70. 移动互联网,就是将移动通信和互联网二者结合起来,成为一体。在最近几年里,移动通信和互联网成为当今世界发展最快、市场潜力最大的两大业务。据中国互联网协会统计,截至 2010 年底,中国手机网民规模达到 3.03 亿,占网民总数的 66.2%。2011 年第一季度,中国移动互联网市场规模达 64.4 亿元人民币,同比增长 43.4%,环比增长 23%。

A 移动互联网是当今世界发展最快的业务
B 移动互联网是移动通信和互联网结合的产物
C 截至 2010 年底,中国网民规模达到 3.03 亿
D 中国移动互联网 2011 年的市场规模比 2010 年多 43.4%

第 三 部 分

第 71—90 题:请选出正确答案。

71—73.

那年夏天,我在无人区拍摄纪录片,有一回在帮一个陌生人修车时,自己的车也出现了毛病。有位青年见状二话没说,赶来自家一群牛将两辆车一并拉到了最近的一个修车部。原来,若干年前,有个过路的司机曾经拉过这位青年病重的妻子,去乡医那里救治。此后他的家便一直安在这附近,没换过地方,总想着,没准哪天会有哪辆过路的汽车遇到麻烦,需要他帮忙。多年以来,他拉过多少辆发动不起来的过路车,连他自己也说不清。但他知道的唯一一点,便足以使人肃然起敬了,那便是"这一带的司机师傅基本上都认识我!"

如果说生命真是一种值得珍惜的缘分,在得人相帮之后,数十年如一日地相机助人,这又是怎样一种令人为之动容的惜缘方式呢?

71. 关于这个青年,下列哪项正确?
 A 非常热心 B 开了修车部
 C 和作者很熟悉 D 太太现在生病了

72. 青年不搬家的原因是:
 A 喜欢这儿的环境 B 这儿的人很尊敬他
 C 希望可以帮到别人 D 想找到那位好心司机

73. 这一带很多司机认识青年是因为:
 A 他的名气很大 B 他搭过他们的车
 C 他懂的东西很多 D 得到过他的帮助

74—77.

想卖房,便在公共广告牌贴广告,我努力将一纸信息贴在了广告牌最高处。

第二天晚上,行至广告牌处,抬头望去大惊:我贴的广告被别人的小广告盖住了。忙回家打开电脑,又打印一份再度贴上。

第三天路过广告牌,发现所贴广告又被别人的小广告压在下面,仅剩一角露在外面。旁边一卖花的老大爷对我说:"从早晨到晚上,差不多有二三十人到这里贴广告,每个人都想把自己的广告贴在最上边,因为人们总是习惯从最上边看起,结果每一个广告都存在不了一天。"我这才明白。

晚上,我将一份广告贴在了广告牌的一角,一连几天,我发现它都在那儿,直到将房卖掉,我才去把它撕下。

高处总是受人注意,高处的位置也总是被人争抢。因此,高处往往是不稳定的。角落虽然暗淡,但是正因为它的不起眼,却能发挥出长效的作用。

74. 我贴的广告内容最可能是:
   A 我的经济现状   B 房子的大概情况
   C 我对工作的要求   D 我的年龄及身高

75. 我遇到了什么情况?
   A 广告被别人撕去了   B 受到管理人员批评
   C 别人的广告挡住了我的 D 没人对广告内容感兴趣

76. 卖花大爷的意思是:
   A 等别人的广告贴上后再贴 B 好位置不一定就有好效果
   C 换一个广告牌重新贴广告 D 这种形式的广告起不了作用

77. 最后一段中画线词语"起眼"最可能是什么意思?
   A 值钱   B 突出   C 羡慕   D 难看

78—82.

每天早晨,爷爷都会早早起来,在餐桌旁读一本书。孙子也照样学样地在一旁模仿。

一天孙子问爷爷:"爷爷,我像您一样读这本书,可是我怎么也做不到全部读懂,而且读懂的那部分,合上书就忘个精光。您说读这个有用吗?"爷爷没有回答他的问题,而是转身把煤炭从装煤的篮子里放到旁边,他告诉孙子:"你把这篮子拿到河边,给我带一篮水回来。"男孩儿照着爷爷的话做了,可是在他到家之前,水就从篮子里漏光了。爷爷见状说:"你下次应该走快点儿。"说着,又让孙子进行第二次的尝试。这次男孩儿跑得更快了,但是在他回家之前篮子还是再一次地漏空了。他上气不接下气地告诉爷爷竹篮是打不了水的,他想要个桶打水。老人说:"我要的不是一桶水,是一篮水。你还是没尽力啊。"这次他来到门外,看着男孩儿的再一次尝试。虽然知道是个不可能完成的任务,但是男孩儿还是想让爷爷看见他已经尽了全力。男孩儿把篮子深深地沉入河中,提起后立刻往家跑。但是跑到爷爷面前时,篮子依然没水存下来。他对老人说:"爷爷您看,一点儿用也没有啊!""你觉得没用吗?"老人说,"看看这篮子。"男孩看着篮子,突然意识到篮子跟他刚拿到手里的时候不一样了——这不是那个装过煤炭的脏篮子了,它已经从里到外都被河水冲洗得干干净净。爷爷这才对男孩儿说:"孩子,你也许读不懂或者记不住书里讲的东西,但是在你读它的时候,从内心到外表都慢慢地发生着改变。世上没有无用功,竹篮打水也不空啊。"

78. 每天早晨起来后,孙子:
   A 要去锻炼身体　　　　　B 都帮爷爷打水
   C 陪爷爷吃早餐　　　　　D 和爷爷一起看书

79. 孙子向爷爷反映:
   A 自己的成绩不好　　　　B 记不住书的内容
   C 想换一本书看看　　　　D 读书不如去工作

80. 爷爷让孙子:
   A 多练习跑步　　　　　　B 用篮子装水
   C 把篮子洗干净　　　　　D 从篮子里拿煤炭

81. 孙子一共打了几次水?
   A 一次　　　　　　　　　B 两次
   C 三次　　　　　　　　　D 四次

82. 爷爷想告诉孙子什么?
   A 做事前要考虑后果　　　B 只要努力了就有收获
   C 做任何事情都要认真　　D 没有好身体什么事也做不成

83—86.
　　从前有一位画家,很想画出一幅人人都能喜欢的画儿来。画完以后,他就到人群聚集的地方去展示。他在画儿的旁边放了一支笔,并附上说明:每一位观赏者,如果认为此画儿有欠缺之笔,均可在画儿中作出标记。晚上,画家取回了画儿,发现在整个画面上都涂满了记号,没有一笔一划不被指责的。画家十分不快,对这次尝试感到失望和痛苦。

他决定换一种方式再试试。于是第二天又画了一幅同样的画儿,拿到原来的地方。这次附上的说明换了一种说法,他请每位观赏者将其最为欣赏的妙笔作出标记。当晚上他再次取回画儿时,他发现画面又被完全涂满了记号,一切被指责过的地方,又都换上了赞赏的标记。同样被涂满标记的画儿,却代表了两种完全不同的结果,一种是完全的否定,一种是完全的赞赏。

画家这才明白:"我们不管干什么,只要使一部分人满意就够了,因为,在有些人看来是丑恶的东西,在另一些人眼里则是美好的。"

83. 画家的愿望是:
   A 自己的画儿非常值钱 B 自己可以多画几幅画儿
   C 能够提高自己的水平 D 每个人都称赞自己的画儿

84. 画家不高兴是因为:
   A 自己的画儿被弄烂了 B 认为自己没有名气
   C 没有人肯定他的作品 D 画不出自己满意的画儿

85. 第二天和第一天的结果:
   A 差不多   B 有点相似
   C 完全相反   D 还是一样

86. 通过这件事,画家明白了什么?
   A 要正确认识自己   B 干什么都不容易
   C 失败的时候也不要放弃 D 每个人都有自己的看法

87—90.

在经销商的办公室里,一个年轻人正在应征销售员工作。

经理看着眼前这位身材瘦弱的年轻人,忍不住先摇了摇头。从外表看,这个年轻人显示不出特别的销售魅力。他在问了姓名和学历后,又问道:"干过推销吗?"

"没有。"年轻人答道。

"那么,现在请回答几个有关销售的问题。"经理开始提问:"推销员的目的是什么?"

"让消费者了解产品,从而愿意去购买。"年轻人答道。

经理点点头,接着问:"你打算怎样对推销对象开始谈话?"

"'今天天气真好'或者'你的生意真不错'。"

经理还是只点点头。

"你有什么办法把打字机推销给农场主?"

年轻人稍稍想了一下,不紧不慢地回答:"抱歉,先生,我没办法把这种产品推销给农场主,因为他们根本就不需要。"

经理高兴得从椅子上站起来,拍拍他的肩膀,兴奋地说:"年轻人,很好,你通过了,我想你会成为很优秀的推销员!"

经理心中已认定这个年轻人将是一个出色的推销员,因为测试的最后一个问题,只有这个答案令他满意,以前的应征者总是胡乱编造一些办法,但实际上绝对行不通,因为谁愿意买自己根本不需要的东西呢?

87. 经理为什么先摇了摇头?

A 年轻人很没礼貌　　　　　B 感觉自己非常累
C 想请年轻人出去　　　　　D 怀疑年轻人的能力

88. 经理认为前几个问题年轻人回答得:

A 很精彩　　　　　　　　　B 很一般
C 糟透了　　　　　　　　　D 全错了

89. 经理录用年轻人的最主要原因是他:

A 很诚实　　　　　　　　　B 讲信用
C 爱学习　　　　　　　　　D 懂规矩

90. 可以替换文中划线部分"特别"的词语是:

A 单独　　　　　　　　　　B 极其
C 独特　　　　　　　　　　D 特意

三、书写

第一部分

第91—98题:完成句子。

例如:发表   这篇论文   什么时候   是   的

　　<u>这篇论文是什么时候发表的?</u>

91. 了   成绩   你的   退步   怎么

92. 有   说   明天   天气预报   下午   会   小雪

93. 她   舒服   语气   说话的   人   让   很不

94. 传统   老年人的   观念   消费   比较

95. 住院观察   还得   这位   一段   病人   时间

96. 把   光   吃   罐头   都   他   了

97. 饮食   张东   讲究   非常   对

98. 路上   被   救护车   堵   了   在

第 二 部 分

第 99—100 题：写短文。

99. 请结合下列词语（要全部使用），写一篇 80 字左右的短文。

恶劣　　航班　　到达　　当时　　宾馆

100. 请结合这张图片写一篇 80 字左右的短文。

答 案

一、听 力

第一部分

1. A	2. C	3. D	4. B	5. D
6. B	7. D	8. C	9. D	10. A
11. C	12. C	13. C	14. D	15. B
16. B	17. B	18. A	19. C	20. A

第二部分

21. A	22. D	23. D	24. C	25. C
26. D	27. C	28. D	29. B	30. A
31. A	32. C	33. C	34. A	35. D
36. B	37. B	38. A	39. D	40. A
41. C	42. B	43. A	44. A	45. B

二、阅 读

第一部分

46. B	47. C	48. C	49. D	50. A
51. D	52. C	53. C	54. A	55. B
56. D	57. C	58. D	59. C	60. B

第二部分

| 61. D | 62. B | 63. D | 64. D | 65. C |
| 66. A | 67. C | 68. C | 69. A | 70. B |

第三部分

71. A	72. C	73. D	74. B	75. C
76. B	77. B	78. D	79. B	80. B
81. C	82. B	83. D	84. C	85. C
86. D	87. D	88. B	89. A	90. C

三、书 写

第一部分

91. 你的成绩怎么退步了?
92. 天气预报说明天下午会有小雪。
93. 她说话的语气让人很不舒服。
94. 老年人的消费观念比较传统。
95. 这位病人还得住院观察一段时间。
96. 他把罐头都吃光了。
97. 张东对饮食非常讲究。
98. 救护车被堵在路上了。

第二部分
（参考答案）

99. 上一次我坐飞机去北京出差,当时遇到了特别恶劣的天气,航班晚点了很长时间,我不得不在机场附近的宾馆住了一个晚上。本来以为当天下午就能到达北京,结果第二天中午才到。

100. 女儿三岁的时候,我送给她一个小猪存钱罐,每次过年时长辈会给她压岁钱,我就教她自己把钱放进存钱罐里,让她从小养成储蓄的好习惯。等孩子再大一点儿,我还会教她怎么管理自己的"财产"。

听力材料及听力部分题解

(音乐,30秒,渐弱)

大家好!欢迎参加 HSK(五级)考试。
大家好!欢迎参加 HSK(五级)考试。
大家好!欢迎参加 HSK(五级)考试。

HSK(五级)听力考试分两部分,共45题。
请大家注意,听力考试现在开始。

第 一 部 分

第1到20题:请选出正确答案。现在开始第1题:

1.

女:先生,您好,我们店八点才开始营业呢!您过会儿再来吧!
男:我不是来买东西的,这里不是在招新人吗?我想试一试。
问:男的去那家店的目的是什么?

A 找工作　　　　B 拿东西
C 找朋友　　　　D 退衣服

【题解】从选项看,这是一道判断行为目的的题。根据"这里不是在招新人吗?我想试一试"可以知道,男的来店里不是买东西,而是来找工作。正确答案是 A。

2.

男:李静,你平时都喜欢做些什么呀?
女:我兴趣很广泛,喜欢看书、听音乐、上网,有时还会帮妈妈做些家务。
问:关于李静,可以知道什么?

A 喜欢唱歌　　　　B 不会上网
C 会做家务　　　　D 爱好不多

【题解】从选项看,考生需要根据听力材料对每一项做出判断。根据"我兴趣很广泛,喜欢看书、听音乐、上网,有时还会帮妈妈做些家务"可以知道,李静会做家务。正确答案是 C。

3.

> 男:你到了新公司有什么不懂的一定要虚心请教老职工,知道了吗?
> 女:知道了,你和妈妈都说了好几遍了,放心吧,我又不是小孩子了。
> 问:他们可能是什么关系?

A 师生　B 母子　C 夫妻　**D 父女**

【题解】从选项看,这是一道关系题。做这一类型的题目,考生需要注意两点:一是男女双方的称呼,可以直接反映两人的关系;二是男女双方谈话的内容,根据内容判断两人的关系。

女的说"你和妈妈都说了好几遍了,放心吧,我又不是小孩子了",这说明男的应该是她的爸爸,也就是说他们应该是父女关系。正确答案是D。

4.

> 男:刘红真是一个想得开的人,别人遇到这种倒霉事还不知道会成什么样子呢!
> 女:两天之内,我肯定接受不了这个事实。
> 问:根据对话,可以知道什么?

A 男的很倒霉　　**B 刘红很乐观**
C 女的很痛苦　　D 刘红要换工作

【题解】从选项看,考生要特别注意对话中关于刘红的内容。根据"刘红真是一个能想得开的人"可以知道,刘红应该是一个性格积极乐观的人。听力材料中并没有涉及到男的和女的的现状,也没有涉及到有人要换工作的事情。正确答案是B。

5.

> 男:我们一定要缩短上网的时间,多看看书,练练汉字,这样就不会提笔忘字了。
> 女:可是繁华的城市生活背后,又有多少人能静下心来去做这些事情呢?
> 问:女的主要是什么意思?

A 上网很方便
B 练字需要耐心
C 要有选择地看书
D 静心练字的人不多

【题解】根据女的的话"又有多少人能静下心来去做这些事情呢""这些"指男的说的"多看看书,练练汉字",这是个反问句,意思是,现在很少有人能静下心来读书练字,因此这道题的正确答案是D。

6.

> 男:你找什么呢?信封不是就在桌子上吗?
> 女:我知道,我想先把邮票粘上。
> 问:女的可能在找什么?

A 信封　**B 胶水**　C 邮票　D 名片

【题解】选项中,给出了四个名词,因此考生在听听力材料的时候要对文中描述的物品加以重视。

根据"我知道,我想先把邮票粘上",说明女的想找的不是信封或者邮票,而是粘邮票的东西即胶水。正确答案是B。

7.

> 男:你下楼的时候顺便帮我买两瓶可乐上来吧,我还在整理明天开会要用的资料呢?
> 女:我帮你买矿泉水吧,经常喝可乐对身体不好。
> 问:女的希望男的做什么?

A 注意休息　　　　B 多走楼梯
C 不要加班　　　　**D 少喝可乐**

【题解】从选项看,四个选项都是比较积极的行为,所以这很可能考的是某人的建议,因此考生要对说话人的行为和建议特别注意。

根据听力材料可以知道,男的希望女的帮他买瓶可乐,可是女的回答说"我帮你买矿泉水吧,经常喝可乐对身体不好",这说明女的希望男的注意身体,少喝可乐。正确答案是D。

8.

> 男:小英,怎么又在看连续剧啊?平时多看看书、练练字不是很好吗?
> 女:还有半个小时就演完了,看完我就去写作业!
> 问:小英正在做什么?

A 看小说　　　　　B 写作业
C 看电视　　　　D 练书法

【题解】从选项看,这是一道判断行为动作的题。根据男的话"怎么又在看连续剧啊"可以知道,女的正在看电视连续剧,因此正确答案是C。

9.

> 男:看昨晚的《股市财经》了吗?真是让人太吃惊了!
> 女:当然看了,小丽买的那只股票现在可是直线上升啊! 她不知道开心成什么样了呢!
> 问:他们正在谈论哪方面的事情?

A 环境　B 影视　C 感情　**D 经济**

【题解】从选项看,每一个选项领域各不相同,考生听的时候要注意听说话人主要在谈哪个领域的事情。

考生可以抓住"股市财经"和"股票"这两个关键词,根据这两个关键词,可以判断出他们主要在谈有关经济方面的事情。正确答案是D。

10.

> 男：你好，张经理让我过来把这些账单报一下。
> 女：你应该到财务部找小刘，我们这里是人事部，不管这些事情。
> 问：小刘可能是做什么的？

A 会计　　　　　B 销售员
C 体育教练　　　　D 人事部经理

【题解】从选项看，这道题是与身份和职业有关系的选择题。在解答这类题的时候，考生需要注意与职业相关的词汇。

在听力材料中，女的说"你应该到财务部找小刘"，这说明小刘在财务部工作，应该是一名会计。正确答案是A。

11.

> 男：来不及了，早饭我不吃了，我的鞋和袜子呢？
> 女：就在鞋柜上呢，你还没系领带呢，不要急，还有半个多小时呢！
> 问：女的主要是什么意思？

A 袜子破了　　　　B 早饭不好吃
C 时间还早　　　D 今天不系领带

【题解】根据听力材料，男的觉得时间来不及了，很着急，而根据女的话"不要急，还有半个多小时呢"可以知道，时间还早，不用着急。所以这道题的正确答案是C。

12.

> 男：老张，明天早上和我们一起去公园打太极拳吧？
> 女：我不会打，要不你有空教教我吧？
> 问：关于女的，可以知道什么？

A 最近很忙
B 早上起得很晚
C 想学打太极拳
D 不想去公园散步

【题解】根据听力材料，男的邀请女的明早一起去公园打太极拳，但女的说自己不会打，希望男的可以教教她，也就是说她想学打太极拳。正确答案是C。

13.

> 男：我想贷款买辆车，你觉得怎么样？
> 女：房子都是贷款买的，如果再买车的话，我们的生活会更累的。
> 问：根据对话，可以知道什么？

A 贷款很难　　　　B 他们想结婚
C 他们经济紧张　D 女的很单纯

【题解】根据听力材料可以知道，女的不希望男的再贷款买车，因为他们的房子就是贷款买的，再买车生活会更累，这说明他们的经济条件不是很好。正确答案是C。

14.

女：李亮，快过来看一下，我的鼠标怎么不动了？
男：你都没有插到电脑上，它怎么会动呢？
问：女的的鼠标怎么了？

A 摔坏了　　　　　B 掉水里了
C 找不到了　　　　**D 没接到电脑上**

【题解】从"你都没有插到电脑上，它怎么会动呢"可以知道，女的的鼠标不动是因为她没有把鼠标插到电脑上。正确答案是D。

15.

男：一会儿就要轮到你上台唱歌了，紧张吗？
女：我都紧张得发抖了，千万不要出现什么问题啊。
问：女的为什么紧张？

A 做错事情了　　　　**B 要表演节目**
C 怕见到男的　　　　D 怕考试没通过

【题解】从选项看，根据听力材料可以知道，女的紧张是因为要上台表演节目了，因此正确答案是B。

16.

男：你下个月就要参加省里的比赛了，这一个月一定要认真培训！

女：知道了，我一定不会给大家丢脸的。
问：女的这个月要做什么？

A 参加活动　　　　**B 准备比赛**
C 收集资料　　　　D 写毕业论文

【题解】从选项看，考生要对对话中出现的行为动作加以注意。根据听力材料可以知道，女的因为要参加比赛，这个月在培训，准备比赛事宜，正确答案是B。

17.

男：昨天你主持的晚会真棒，没想到你在台下害羞，在台上表现却很自然，特别放得开！
女：因为我非常喜欢在舞台上的感觉。
问：女的在舞台上是一个什么样的人？

A 单纯　**B 大方**　C 害羞　D 乐观

【题解】从选项看，四个形容词都是对人的描述，所以考生仔细听对一个人的评价和通过某件事反映出来的某个人的特点。

根据听力材料可以知道，女的在台下是一个害羞的人，可是在台上却很自然能放得开，即"大方"。正确答案是B。

18.

> 男:你身材真好!穿上我们店里的牛仔裤简直是太漂亮了!
> 女:我觉得也不错,那就买这条吧,请问在哪里结账?
> 问:关于女的,可以知道什么?

A 在买东西　　　　B 想开家小店
C 今天没带钱　　　　D 长得很漂亮

【题解】根据听力材料可以知道,男的是售货员,从女的的话"那就买这条吧,请问在哪里结账"可以知道女的在买牛仔裤。正确答案是A。

19.

> 男:你不是已经找到工作了吗?怎么还不开心啊?
> 女:我还没有租到公寓呢,还没地方住呢。
> 问:女的为什么不开心?

A 想换工作　　　　B 今天要加班
C 没租到房子　　　　D 旅游被取消了

【题解】从听力材料看,女的不开心是因为"我还没有租到公寓呢,还没地方住呢",也就是说她还没有租到房子。正确答案是C。

20.

> 男:小华,你能帮我向教练请半天假吗?我上午要去医院看我妈。
> 女:可是今天上午我们要比赛,要不你下午再去吧。
> 问:男的为什么要请假?

A 去看母亲　　　　B 要参加比赛
C 身体不舒服　　　　D 要去接女的

【题解】从听力材料中看,他请假是为了去医院看母亲。B和C两项迷惑性较大,因为对话中提到了"比赛","医院"很容易让人联想到生病,但考生不能根据只言片语来判断答案,应该在听懂的基础上做出正确判断。正确答案是A。

第二部分

第21到45题:请选出正确答案。现在开始第21题:

21.

> 男:你有做销售的经验吗?
> 女:没有,但是我曾经在一家公司做过三年的公关部经理。
> 男:那你怎么定位销售员这个职位?
> 女:我觉得有挑战性的工作都是好工作,请给我一个机会,我一定可以做好。
> 问:女的正在做什么?

A 应聘　　　　　B 销售东西
C 和经理聊天　　　D 主持公司会议

【题解】从选项看,应该和一个人的工作或者行为活动有关系。

听力材料中,"销售"、"经理"、"工作"对话中都有出现,但通过"我觉得有挑战性的工作都是好工作,请给我一个机会,我一定可以做好"这句话可以知道,女的现在应该是在应聘工作。正确答案是A。

22.

> 男:昨天给你发短信,你怎么没回啊?
> 女:我的手机坏了,今天上午刚买了一个新的。
> 男:你那手机不是今年三月份才买的吗?
> 女:上个月,我和李强换了手机,还没用多长时间,他那个手机就坏了。
> 问:女的为什么没回短信?

A 手机没电了　　　B 工作太忙了
C 男的发错了　　　**D 女的没收到**

【题解】从听力材料中可以知道,女的没有回男的的短信是因为"我的手机坏了,今天上午刚买了一个新的",也就是说女的的手机坏了,收不到短信,今天才买了一个新的,因此正确答案是D。

23.

> 男:大家掌声欢迎我们今天的嘉宾刘律师。刘律师,您好!
> 女:主持人好,在场的各位观众,大家好!我是刘明。
> 男:刘律师您能谈谈对新婚姻法的看法吗?
> 女:我觉得每一条法律都是经过再三考虑才制定的,必有其道理。
> 问:关于女的,可以知道什么?

A 想做主持人　　　B 喜欢看节目
C 做事很认真　　　**D 是一名律师**

【题解】从A和B两项可以看出对话可能和电视节目有关。

— 26 —

从听力材料看,男的是主持人,几次称呼女的"刘律师"。根据这些信息可以知道,女的是一名律师,因此正确答案是D。

24.

> 男:你好,请问黄瓜怎么卖?
> 女:三块钱一斤。
> 男:能便宜点吗?三块有点儿贵了。
> 女:买两斤吧,算你两块五一斤。
> 男:好,那给我称两斤吧。
> 问:男的应该付女的多少钱?

A 两块五　　　　B 三块
C 五块　　　　D 六块

【题解】从选项看,这是一道数字题,考生可以肯定这道题应该和物品的价格有关,所以要对数字特别注意,还可能要进行简单运算。

从听力材料中看,黄瓜原本三块钱一斤,但由于男的要买两斤,买得比较多,所以女的给他算成两块五一斤,也就是说男的应该付给女的五块钱。正确答案是C。

25.

> 男:明天放假,你有什么打算吗?
> 女:我想去博物馆看看,来这里快一个星期了,哪儿也没去过呢!
> 男:我明天放假,正好可以陪你到市里转转,再去博物馆参观参观。
> 女:那太好了!
> 问:女的明天打算做什么?

A 陪男的回家　　B 到单位报到
C 参观博物馆　D 到市里买衣服

【题解】从选项看,这道题应该和一个人的行为活动有关,考生在听听力材料的时候应该注意听对话中的行为活动,抓住关键词句。

从听力材料中看,女的刚来这个城市不到一个星期,对这里不是很熟悉,想去参观这里的博物馆,男的很热情,愿意陪她去,因此正确答案是C。

26.

> 男:李老师,你看我这篇文章怎么样?
> 女:整体上还不错,内容很新,语言很美,但美中不足的是有几个标点用错了,例如这里应该用问号。
> 男:写的时候没注意到,我马上拿回去再改改。
> 女:好的,改的时候要细心。
> 问:女的觉得这篇文章怎么样?

A 语言简练　　　B 内容不好
C 篇幅过长　　　**D 有标点错误**

【题解】从选项看,考生可以推测对话内容应该是一个人对某篇文章的评价。

根据听力材料,男的请女的评价自

己的文章,女的说"整体上还不错,内容很新,语言很美,但美中不足的是有几个标点用错了,例如这里应该用问号",可见女的认为这篇文章有标点错误,因此正确答案是D。

27.

> 男:小赵,我们昨天想的那个方案没有通过,经理说让我们重新想一个。
> 女:看来今晚要加班了,我不能去参加朋友的生日会了,太遗憾了。
> 男:这也是没有办法的事情,工作重要啊!
> 女:好吧,我给她打电话说一下。
> 问:他们可能是什么关系?

A 夫妻　　　　　　B 师生
C 同事　　　　　D 经理和秘书

【题解】从选项看,这是一道关系题。考生在听这一类型的题目时,需要注意两点:一是双方的称呼,这样可以直接判断出两人的关系;二是男女双方谈话的内容以及谈话的语气,根据内容和语气等隐含信息来判断两人的关系。

根据听力材料,他们正在讨论没有通过经理审核的方案,想要加班再重新想一个,可见他们正在讨论工作中的事情,因此他们应该是同事关系。正确答案是C。

28.

> 女:啊!有老鼠!
> 男:哪儿呢,不要怕,哪儿呢?
> 女:就在桌子底下。
> 男:那不是老鼠,是我养的小狗雪球。
> 问:关于男的,可以知道什么?

A 害怕老鼠　　　　B 在找钢笔
C 会修桌子　　　　**D 养了宠物**

【题解】从男的的话"那不是老鼠,是我养的小狗雪球"可以知道,他养了一只小宠物狗。正确答案是D。

29.

> 男:您好,请问你找谁?
> 女:我想找你们公司的张刚经理。
> 男:那请您先在这里登记一下再进去。
> 女:好的,写上名字就可以了吧?
> 问:男的为什么要女的签名?

A 女的是明星
B 女的要见经理
C 他们是合作伙伴
D 男的喜欢收集字画

【题解】从听力材料中可以知道,女的要找张刚经理,男的应该是公司的一位保安,他要求女的在进去找人之前先要在访客记录上签名。正确答案是B。

30.

> 男：小丽，过来陪爸爸下会儿象棋吧。
> 女：等一下，我把这些花插起来，妈妈呢，她怎么没陪您下棋啊？
> 男：家里没菜了，你妈去超市了。
> 女：我洗洗手，马上就来。
> 问：对话可能发生在哪里？

A 家里　　　　　　B 车上
C 花店中　　　　　D 超市里

【题解】从选项看，这是一道地点题。对话中一定会出现带有明显地点特征的事件或物品，考生在听的时候要注意。

从听力材料中可以知道，男的希望女儿陪他下象棋，而女的说她在插花，让妈妈陪他下棋，但妈妈出去买菜了，这是一对父女的对话，对话应该是发生在家里。正确答案是 A。

第 31 到 33 题是根据下面一段对话：

> 女：昨天开会的时候，王经理要我们选一个人去上海谈这次的合作项目。
> 男：你觉得这次任务派谁去最适合？
> 女：(31)我想让小静去，可她还有半个月就要结婚了，现在正忙着结婚的事情呢。
> 男：小丽不是最好的人选，你认为小李这个人怎么样？
> 女：你觉得他能谈好这次的合作吗？
> 男：(32)他只是偶尔做事不仔细，但是办重要的事情时从来都不马虎。
> 女：(33)下午叫小李来我办公室一下，我和他谈谈，你出去做事吧。

31．小静为什么不是最好的人选？
　　A 快结婚了　　B 经常生病
　　C 经常出错　　D 性格不好

【题解】从听力材料上看，这次任务不适合派小静去主要是因为她马上就要结婚了，这段时间都在忙结婚的事情。正确答案是 A。

32．男的认为小李怎么样？
　　A 非常诚实　　B 比较聪明
　　C 值得信任　　D 做事很马虎

【题解】从听力材料看，男的说"他只是偶尔做事不仔细，但是办重要的事情时从来都不马虎"，也就是说他觉得小李是一个值得信任的人，女的可以把这次任务交给小李，因此正确答案是 C。

33．他们可能是什么关系？
　　A 夫妻　　　　B 经营伙伴
　　C 经理和秘书　D 摄影师和客人

【题解】从选项上看，这是一道关系题。考生可以根据对话中双方的称呼以及对话的内容来判断他们之间的关系。

从听力材料看，他们主要在讨论工作中的事情，因此考生可以初步判定他们应该是工作中的同事关系，再根据女的的话"下午叫小李来我办公室一下,我和他谈谈,你出去做事吧"可以知道,男的应该是女的的秘书。正确答案是C。

说"没想到你们的上菜速度也和海星的动作一样慢",这说明作家认为他们餐馆儿的服务不好,菜上得太慢,因此正确答案是D。

第34到35题是根据下面一段话:

> 有一天,一位著名的小说家走进一家餐馆儿吃饭。点过菜之后,他就开始等待,静静地等了很长时间,直到他等得十分不耐烦时,餐馆儿的大厅经理认出了他,赶紧走到作家面前,向他介绍说:"我们餐馆儿里的海星非常不错,请问您要不要来一份?"作家点了点头说:"(34)(35)海星动作非常慢,可没想到你们上菜的速度也和海星的动作一样慢。"

34. 这位作家是一个什么样的人?
A 幽默　B 糊涂　C 勇敢　D 乐观
【题解】从选项看,要选出一个形容词来形容一个人。

从听力材料来看,作家批评这家餐馆儿上菜慢,明明很生气,却依然能用很幽默的语言批评他们,这说明这位作家是一位很幽默的人,因此正确答案是A。

35. 作家最后一句话主要是什么意思?
　　A 海星很可爱　B 饭菜不好吃
　　C 餐馆儿不卫生　D 服务不到位
【题解】从听力材料看,作家最后一句话

第36到38题是根据下面一段话:

> 有一个心理学家做了一个有意思的实验。他要求一群实验者在周日晚上把未来七天会烦恼的事情都写下来,然后投入一个大型的"烦恼箱"。(36)第三周的星期日,他在实验者面前打开这个箱子,与成员逐一核对每项"烦恼",结果发现其中90%的烦心事儿并没有真正发生。接着,他又要求大家把那些真正发生的"烦恼"重新丢入纸箱中,等过了三周,再来寻找解决之道。结果到了那一天,他开箱后,发现那些剩下的烦恼已经不再是那些实验者的烦恼了,因为他们都有能力对付。其实,(37)快乐是一种智慧,与其在自找的烦恼中痛苦,还不如为自己找一个简单的理由,让自己慢慢快乐起来。

36. 第三周打开箱子时,有多少烦恼真正发生了?
　　A 5%　　　　**B 10%**
　　C 15%　　　D 20%
【题解】从听力材料看,根据"第三周的星期日,他在实验者面前打开这个箱子,与成员逐一核对每项'烦恼',结果发现其中90%的烦心事儿并没有真正发生"这句话可以知道,90%的烦恼没有发生,也就是说只有10%的烦恼发生了。正确答案是B。

37. 根据这段话,可以知道到什么?
　　A 实验没有成功
　　B 快乐其实很简单
　　C 烦恼会自动减少
　　D 实验者心情不好

【题解】根据"快乐是一种智慧,与其在自找的烦恼中痛苦,还不如为自己找一个简单的理由,让自己慢慢快乐起来"这句话可以知道,快乐其实并不难,只要自己为快乐找一个简单的理由就可以了,因此正确答案是B。

38. 下面选项中,哪一个可以作为这段话的标题?
　　A 烦恼箱　　　　B 快乐第一
　　C 心理测试　　　　D 实验者日记

【题解】这道题要求为这段文字找一个合适的标题,一般情况下,一段文字的标题要能概括整段文字的内容。从这段文字的内容看,主要在讲心理学家通过"烦恼箱"告诉人们一个道理,即快乐其实很简单,所以这道题最好的标题是"烦恼箱"。正确答案是A。

第39到42题是根据下面一段话:

(39)有一天,百货公司里挤满了顾客。一个小伙子挑好了自己喜欢的服装后,从钱包里拿出人民币,交给售货员。售货员见是一张断成两半的一百块钱,就笑着对他说:"你把它粘好了再来买吧。这衣服我给你留着。"可是这位小伙子不乐意,生气地说:(40)"这钱是刚才我在那儿买东西时,售货员找给我的。你不收不行。"说着指了指前面的柜台。售货员听后,笑了笑说:"年轻人,说话要老实。"小伙子不等她说完,生气地说:"你也不过去问问,怎么就随便下结论?"售货员不慌不忙地说:"(41)一百块钱怎么会当成零钱找给顾客呢?"

39. 小伙子现在可能在哪里?
A 公司　B 银行　C 学校　**D 商场**

【题解】根据"有一天,百货公司里挤满了顾客。一个小伙子挑好了自己喜欢的服装后,从钱包里拿出人民币,交给售货员"这句话可以知道,小伙子现在应该是在一个商场买衣服,因此正确答案是D。

40. 关于小伙子,可以知道什么?
　　A 没说实话　　B 要找工作
　　C 为人善良　　D 家里很有钱

【题解】从听力材料看,小伙子说自己断成两半的一百元钱是其他售货员找给他的,但是一百块钱又不可能作为零钱找给顾客,这说明小伙子说的是假话。C项正好相反,而B和D两项文章没有涉及到。正确答案是A。

41. 关于售货员,下面哪项正确?
A 安静　B 害羞　**C 聪明**　D 诚实
【题解】从听力材料中可以知道,售货员可以一语道破小伙子的谎言,这说明她是一个非常聪明的人,因此正确答案是C。

第42到45题是根据下面一段话:

> 人们常说:"难得糊涂!"(42)其实,"难得糊涂"至少有两种解释。(43)一是糊涂好,糊涂难能可贵,很多事情还是糊涂一点儿好。二是糊涂不好,人们怎么能够糊涂呢?(43)但是人们日常生活中通常会使用它的第一种解释,因为在很多事情上,我们都不需要这么计较得失。(45)可在面对学术问题时,我们就不能用第一种解释了,因为在学术上,我们必须要有认真负责的态度,不能有一点儿马虎。(44)刘玲女士在《快乐生活》这本书中告诉了我们如何做到"难得糊涂"!

42. 根据这段话,"难得糊涂"至少有几种解释方法?
A 一　**B 二**　C 三　D 四
【题解】从听力材料中,可以知道,"难得糊涂"至少有两种解释方法,因此正确

答案是B。

43. 日常生活中在很多事情上,人们应该怎么做?
A 不计较得失　B 乐于助人
C 注意身体　D 坚持到底
【题解】根据听力材料,日常生活中的很多事我们需要用第一种解释去对待,而第一种解释是想告诉我们不要计较得失,因此正确答案是A。

44. 刘玲可能是做什么的?
A 作家　　　B 导演
C 主持人　　D 运动员
【题解】从选项看,这是一道身份题。考生可以根据一个人所做的事情,以及他所在的地点来判断这个人的身份。

从听力材料看,"刘玲女士在《快乐生活》这本书中告诉了我们如何做到'难得糊涂'"这句话告诉我们刘玲女士应该是一位写书的作家。正确答案是A。

45. 在什么事情上我们不能糊涂?
A 家庭生活　**B 学术问题**
C 选择道路　D 购买东西
【题解】根据听力材料可以知道,在面对学术问题的时候,我们不能马虎、不能糊涂,因此正确答案是B。

听力考试现在结束。

阅读部分题解

第 一 部 分

第46—60题：请选出正确答案。

46—48.

> 平等是一切正常交往的基础，任何__46__了以__47__为前提的情感关系都不可能获得正常的沟通方式和沟通效果。所以，我们必须真诚，尊重对方，真正把对方所说的话听进去，然后才能在互动的过程中，在合适的时候__48__出自己的见解。

46. A 消灭　**B 失去**　C 损失　D 省略
【题解】A项"消灭"表示除掉敌对的或有害的人或事物；B项"失去"表示原来有的没有了；C项"损失"表示没有代价地消耗或失去；D项"省略"表示除去没有必要的手续、言语等。根据文章，"平等是一切正常交往的基础"，也就是说"平等"是原来存在的，但是可能没有了，因此本题选择B项"失去"，强调原来有的现在没有了。

47. A 平衡　B 平均　**C 平等**　D 公平
【题解】A项"平衡"表示对立的各方面在数量或质量上相等或相抵；B项"平均"表示把总数按份儿均匀计算，做形容词时表示没有轻重或多少的分别；C项"平等"表示人们在社会、政治、经济、法律等方面享有相等待遇；D项"公平"表示处理事情合情合理，不偏袒哪一方面。文章开始就说到"人们交往的基础是平等"，下文说没有了这个因素就不能正常沟通，可以知道，这个因素就是"平等"正确答案是C。

48. A 取　B 带　**C 提**　D 搬
【题解】四个选项都可以表示手部的动作，但是根据下文的宾语"见解"，本题选择C项，因为"提"有指出、举出的意思，提出看法、见解是常用搭配。

49—52.

> 在医院里，一个中年妇女背着她丈夫爬楼梯，丈夫近200斤的__49__，可她却一步都不停顿。在二楼，一个送水的工人背着两大桶纯净水也在爬楼，累得满头大汗。他看见中年妇女背着一个很胖的男人上楼，心里很吃惊，__50__紧赶了几步对她说："大姐，你体力很好啊！你看我背这两桶水差不多有50公斤，都累得不行，你背的大哥怎么也有80公斤，你却走得比我还快！"中年妇女说："__51__。"说完，几步又把工人__52__在了下面。

33

49. A 体积 B 身高 C 尺寸 **D 重量**

【题解】根据上文中的"斤"可以选择 D 项,因为"斤"是表示重量的单位。

50. **A 忍不住**　　　B 怪不得
　　C 舍不得　　　D 说不定

【题解】A 项"忍不住"表示不能控制;B 项"怪不得"表示知道原因以后不觉得奇怪,前后有表示原因的内容;C 项"舍不得"表示很爱惜,不忍放弃或离开,不愿使用或处置;D 项"说不定"表示不一定。根据文章,送水的工人不知道中年妇女为什么可以走那么快,B 项不正确;送水工人和中年妇女不认识,中年妇女做的事跟他没有关系,他不必不忍心或不愿意,C 项不正确;送水工人紧赶了几步是事实,D 项不正确;送水工人看到中年妇女背着丈夫走得很快,觉得吃惊,想知道原因,因此本题选择 A 项。

51. A 你的力气太小了
　　B 他其实没那么重
　　C 我每天在家干活,习惯了
　　D 你背的只是两桶水,而我背的却是我亲人

【题解】文章说中年妇女丈夫的重量是 200 斤,送水工人猜是 80 公斤,也就是 160 斤,比丈夫实际重量还轻,因此首先排除 B 项;送水工人背了 50 公斤的水,他的力气并不小,如果中年妇女这样说的话,有嘲笑的意思,A 项也不合适;干活和背丈夫之间没有必然关系,C 项不符合逻辑;水对送水工人的意义和丈夫对中年妇女的意义是完全不同的,丈夫对中年妇女来说是非常重要的亲人,因为爱,中年妇女才能背起 200 斤重的丈夫,和 C 项比,D 项更深刻、更合理,因此本题选择 D 项。

52. A 扔 B 踩 **C 甩** D 挡

【题解】A 项"扔下某人"表示丢弃、不要,不适用于人,A 项不正确;B 项"把某人踩在下面"的比喻意是贬低别人、压制别人、使别人没有机会发展,B 项不正确;C 项"甩下某人"也有抛开的意思,根据文章,中年妇女比送水工人走得快,送水工人会走在中年妇女的后面,会被甩下,本题选择 C 项;D 项"挡"表示拦住、阻止前进,中年妇女并没有不让送水工人往前走,D 项不正确。

53—56.

著名作家巴金的读书方法十分奇特,因为他是在没有书本的情况下进行阅读的。读书而无书,___53___算得天下一奇了,这到底是怎么回事呢?巴金说:"我第二次住院治疗,每天午睡不到一小时,就下床坐在小沙发上,___54___护士同志两点钟来量体温。我坐着,一动也不动,但并没有睡觉。___55___。它在回忆我过去读过的一些书,一些作品,好像它想在我的记忆力完全失去之前,__56__下一点儿美好的东西。"

53. A 确定　B 真实　**C 的确**　D 居然
【题解】A项"确定"可做形容词或动词,表示明确而肯定;B项"真实"是形容词,表示跟客观事实相符合;C项"的确"表示对客观情况的真实性表示肯定;D项"居然"表示意外、没想到。根据下文"算得天下一奇了",本题需要选择副词,首先排除A项、B项;"无书而读书"真的是"天下一奇",不是想不到的事,因此排除D项。C项正确。

54. **A 等候**　B 希望　C 请求　D 嘱咐
【题解】A项"等候"表示等待具体的对象;B项"希望"表示心里想着达到某种目的或出现某种情况;C项"请求"表示说明要求,希望得到满足;D项"嘱咐"表示告诉对方记住应该怎么样、不应该怎么样。根据文章,巴金先生住院治疗,那么"嘱咐护士"应该是医生做的事,首先排除D项;住院治疗的时候,治疗都是医生安排决定的,不是病人请求的或希望的,B项、C项不正确;既然医生已经安排好了,那么病人需要做的就是"等候"。本题选择A项。

55. A 我感觉非常累
　　B 我的脑子不肯休息
　　C 我在安排明天的事情
　　D 我想我还可以继续写作
【题解】根据文章,巴金先生没有睡觉,如果他"感觉非常累"就应该睡觉,因此A项不正确;而下文也告诉我们,巴金先生没有睡觉,他在做什么,他在回忆看过的书,不是C项和D项。巴金先生在回忆,说明他的脑子没有休息,本题选择B项。

56. A 维护　B 持续　C 处理　**D 保留**
【题解】A项"维护"表示使免于遭到破坏,强调积极地保护,宾语多是利益、团结等抽象名词;B项"持续"表示延续不断,一般不带宾语;C项"处理"表示安排事物,解决问题;D项"保留"表示保存不变,强调继续存在、不变化,宾语可以是具体的也可以是抽象的。根据文章,巴金先生看了一些书,现在还记得,本题选择D项保留,强调还存在。

57—60.

开心的人一定聪明。他们知道,烦恼是自寻的,快乐也是自己找的。既然人生不如意事常八九,不如不想八、九,常想一、二,并将一、二如意事放大拉长。仅仅变换一个__57__,他们就能__58__。

开心的人一定自信,自信能让人精神饱满,__59__活力。在言谈和举手投足中,流露着美好而让人舒服的感觉。美貌可以让人骄傲一时,自信则可以让人骄傲一生。

开心的人一定笑口常开。笑是一种语言,一种文化,笑是发自内心的欢乐,它自然地流露出来,___60___着自己的快乐,表达着待人的友好。它是一朵含露的花,无论是献给别人还是留给自己,都是一件可爱的礼物。

57. A 愿望 B 原则 **C 角度** D 运气
【题解】A项"愿望"表示希望达到某种目的的想法;B项"原则"表示说话或做事所依据的法则或标准;C项"角度"表示看事情的出发点;D项"运气"表示命运、幸运。根据文章,快乐的人快乐的原因是不想不好的事情,多想好的事情,其实事实并没有改变,是他们看问题的方法不一样了,因此本题选择C项。

58. A 改变了自己的理想
　　B 可以得到自己想要的
　　C 能够到达成功的彼岸
　　D 赢得开心的理由和主动权
【题解】根据文章,人们希望得到快乐,改变了角度以后就会变得快乐,人们的理想并没有改变,首先排除A项;B项、C项、D项都表示人们成功了,但是本文的主要内容是快乐、开心,B项、C

项离文章的中心意思太远,因此本题选择D项。

59. A 形成 B 包括 **C 充满** D 实现
【题解】A项"形成"表示通过发展变化而成为某种事物或出现某种情况;B项"包括"表示一个范围里边含有,宾语多是具体的事物;C项"充满"表示充分具有,多用于抽象事物;D项"实现"表示使成为事实,宾语多是梦想、理想等。根据文章,"开心的人一定自信,自信能让人精神饱满",但不能让人变成活力,因此A项不正确;开心的人有活力,但活力不是人的一部分,B项不正确;开心能让人有活力,充满表示有足够多的,因此本题选择C项;D项"实现"和"活力"不搭配。

60. A 承认 **B 体现** C 幻想 D 确认
【题解】A项"承认"表示肯定、同意、认可;B项"体现"表示某种现象或性质在某一事物上具体表现出来;C项"幻想"表示以个人或社会的理想为依据的想象;D项"确认"表示明确承认或确定认可。"开心"、"快乐"是一种感觉,我们知道一个人是开心的,就是通过"笑",也就是说"笑"能表现出开心,因此本题选择B项。

第二部分

第61—70题:请选出与试题内容一致的一项。

61.

> 无叶风扇也叫空气增倍机,它能产生自然持续的凉风,因无叶片,不会伤到好奇儿童的手指。无叶风扇的设计理念源于空气叶片干手器。英国人戴森和中国浙江嵊州农民企业家胡国贤分别发明了无叶风扇。2009年11月26日,胡国贤向国家知识产权局申请了无风叶风扇发明专利,据说申请时间只比一家德国公司早两天。

A 英国家电公司发明了无叶风扇
B 有叶的风扇常常弄伤儿童的手指
C 无叶风扇和空气叶片干手器一样
D 不止胡国贤申请无叶风扇发明专利

【题解】英国人戴森发明了无叶风扇,不是英国家电公司,A项不正确;有叶风扇可能会弄伤儿童的手指,不是常常弄伤,B项不正确;无叶风扇的设计理念源于空气叶片干手器,但是两者是不同的东西,C项不正确;胡国贤申请了无叶风扇的发明专利,比一家德国公司早两天,说明德国公司也申请了发明专利,D项正确。

62.

> 京广铁路客运专线又称京港高铁,北起首都北京,南至广州,全程2294公里,2012年年底建成通车。京广客运专线建成后,将使北京至广州车程,由现在的20小时缩短至8小时。目前,该专线武汉至广州段,已于2009年底通车运营,广州延伸至深圳段,已于2007年通车。

A 京港高铁只能到广州
B 京港高铁的部分路段已通车
C 现在北京到广州需要坐8小时火车
D 京港高铁包括京广铁路客运专线

【题解】京港高铁可以从广州延伸至深圳,A项不正确;京港高铁的武汉至广州段和广州延伸至深圳段都已经通车,B项正确;京港高铁建成后从北京坐火车到广州是8个小时,建成以前是20个小时,C项不正确;京广铁路客运专线就是京港高铁,只是不同的说法,D项不正确。

63.

> 月牙泉,古称沙井,俗名药泉,位于甘肃省河西走廊西端的敦煌市。月牙泉南北长近100米,东西

宽约25米,最宽处54米。泉水东深西浅,最深处约5米,弯曲如新月,因而得名,"药泉"之名是因为传说泉水可治百病。月牙泉自古有"沙漠第一泉"之称。

A 月牙泉水西深东浅
B 月牙泉东西宽54米
C 月牙泉水可以治百病
D 月牙泉在古代就很有名

【题解】月牙泉东深西浅,不是西深东浅,A项不正确;月牙泉东西宽约25米,最宽处54米,B项不正确;传说月牙泉水可以治百病,不是真的,C项不正确;月牙泉自古有"沙漠第一泉"之称,说明在古代月牙泉就很有名,D项正确。

64.

热干面与山西刀削面、两广伊府面、四川担担面、郑州烩面并称为中国五大名面。热干面既不同于凉面,又不同于汤面,面条事先煮熟,经过冷和过油的工序,拌以香油、麻酱、虾米、五香酱菜等配料,酱汁香浓味美,让人食欲大增。热干面有武汉热干面和信阳热干面之分,二者做法大致相同,口味略有差异。

A 热干面经过过油工序再煮熟
B 热干面是中国五大名面之首
C 两种热干面做法和口味差不多
D 热干面和凉面、汤面都有所不同

【题解】热干面要先煮熟再过油,A项不正确;热干面和其他四种面并称中国五大名面,就是说热干面只是五大名面的一种,不是第一,B项不正确;两种热干面的做法大致相同,口味有些不同,C项不正确;热干面不同于凉面,也不同于汤面,D项正确。

65.

中国对"汗血马"的最早记录是在2100年前的西汉。在古代文学著作中,形容汗血马能够"日行千里,夜行八百"。经过测算,汗血马在平地上跑1000米仅需要1分7秒。汗血马还非常耐渴,即使在50摄氏度的高温下,一天也只需饮一次水,因此特别适合跑长途。

A 汗血马适合长途,不适合短途
B 汗血马跑1000米仅需要1分7秒
C 中国在西汉前没有汗血马的记录
D 汗血马可以"日行千里,夜行八百"

【题解】"汗血马"特别适合跑长途,不能说明它不适合短途,A项不正确;"汗血马"在平地上跑1000米仅需要1分7秒,不是在所有的地方跑都是这样的速读,B项不正确;中国对"汗血马"最早的记录是西汉,也就是说西汉以前没有关于汗血马的记录,C项正确;古代文学著作中说汗血马可以"日行千里,夜行八百",是一种夸张的说法,D项不正确。

66.

> 亚健康是介于健康与疾病之间的一种生理功能低下的状态,表现与我们常说的"慢性疲劳综合征"很相似。处于亚健康状态的人,虽然没有明确的疾病,但却容易出现精力和适应能力的下降,如果这种状态不能得到及时的改善,非常容易引起身心疾病。

A 亚健康使人容易疲劳
B 亚健康状态很难调整
C 繁忙的工作导致亚健康
D 亚健康是一种身心疾病

【题解】文中提到亚健康的症状与"慢性疲劳综合征"很相似,容易出现精力和适应能力的下降,这就是容易疲劳的意思,因此 A 是正确的。B 和 C 短文中并没有提到,是错误的。D 有较大迷惑性,文中提到亚健康是处于健康和疾病之间的中间状态,容易引起身心疾病,并没有说它是一种疾病。

67.

> 针刺无骨花灯发源于浙江仙居,此地明清时为浙江东南部的重要商镇。相传无骨花灯源于唐朝,俗称"唐灯"。明清时技艺日趋发达,民国初发展到鼎盛,花色品种多达 80 余种。建国初期,由于不注意保护,花灯几乎失传。1985 年,经仙居县文化局大力挖掘,才使失传多年的花灯重放异彩,截至 2007 年已抢救恢复 27 种。

A 无骨花灯源于唐朝
B 无骨花灯有 80 多个花色品种
C 一部分无骨花灯在建国后失传了
D 浙江仙居是浙江东南部的重要商镇

【题解】相传无骨花灯源于唐朝,不一定是真的历史,A 项不正确;无骨花灯品种最多的时候有 80 多个花色品种,不是一直都有,B 项不正确;建国初期花灯几乎失传,截至 2007 年恢复了 27 种,这比民国时的 80 多种少,也就是一部分无骨花灯失传了,C 项正确;浙江仙居是明清时期浙江东南部的重要商镇,现在不一定是,D 项不正确。

68.

> 《百家姓》成书于北宋初期,收集了单姓 444 个,复姓 60 个,共 504 个。《百家姓》的次序不按各姓氏人口的数量排,是因为这种排序方法读起来顺口,孩子容易学习。"赵钱"成为《百家姓》前两姓是因为百家姓形成于宋朝的吴越钱塘地区,因此宋朝皇帝的"赵"姓、吴越国国王的"钱"姓就排在了最前面。

A《百家姓》收集了 504 个单姓
B《百家姓》的次序按各姓人口数量

排列

C《百家姓》也是孩子用来学习的书

D "赵钱孙李"是宋朝皇帝和国王的姓

【题解】《百家姓》收集了504个姓,其中有444个单姓,A项不正确;《百家姓》的顺序不按人口实际数量排列,是因为现在的排序更顺口,B项不正确;《百家姓》读起来顺口,孩子学习容易,说明这本书也是孩子用来学习的书,C项正确;"赵"是宋朝皇帝的姓,"钱"是吴越国国王的姓,但"孙"和"李"不是,D项不正确。

69.

> 冯如是中国航空之父,立志依靠中国自己的力量制造飞机。1909年他在美国得到华人支持,正式成立广东飞行器公司,并担任总工程师,公司于当年便投入制造飞机。1909年9月21日,第一次试飞失败。1910年他制造了第二架飞机,并在10月至12月进行飞行表演,大获成功。

A 冯如1909年开始制造飞机

B 广东飞行器公司是在广东成立的

C 冯如立志依靠自己的力量在中国制造飞机

D 冯如在1910年10月至12月制造了第二架飞机

【题解】冯如1909年成立的广东飞行器公司当年便投入制造飞机,就是说1909年冯如就开始制造飞机了,A项正确;广东飞行器公司只是名字,不是在广东成立的,是在美国得到华人支持成立的,B项不正确;冯如立志依靠中国的力量制造飞机,但不一定得在中国,C项不正确;冯如1910年制造的第二架飞机在10月至12月进行了飞行表演,这架飞机应该在10月以前就制造好了,D项不正确。

70.

> 移动互联网,就是将移动通信和互联网二者结合起来,成为一体。在最近几年里,移动通信和互联网成为当今世界发展最快、市场潜力最大的两大业务。据中国互联网协会统计,截至2010年底,中国手机网民规模达到3.03亿,占网民总数的66.2%。2011年第一季度,中国移动互联网市场规模达64.4亿元人民币,同比增长43.4%,环比增长23%。

A 移动互联网是当今世界发展最快的业务

B 移动互联网是移动通信和互联网结合的产物

C 截至2010年底,中国网民规模达到3.03亿

D 中国移动互联网2011年的市场规模比2010年多43.4%

【题解】移动通信和互联网是当今世界发展最快的两大业务,移动互联网不是,A项不正确;移动互联网就是将移动通信和互联网结合起来,B项正确;截至2010年底,中国手机网民规模是3.03亿,中国网民比这个数字大,C项不正确;"同比"比的是一样的时间,也就是说中国移动互联网2011年第一季度的市场规模比2010年第一季度多43.4%,D项不正确。

第三部分

第71—90题：请选出正确答案。

71—73.

那年夏天，我在无人区拍摄纪录片，有一回在帮一个陌生人修车时，自己的车也出现了毛病。(71)有位青年见状二话没说，赶来自家一群牛将两辆车一并拉到了最近的一个修车部。原来，若干年前，有个过路的司机曾经拉过这位青年病重的妻子，去乡医那里救治。此后他的家便一直安在这附近，没换过地方，总想着，(72)没准哪天会有哪辆过路的汽车遇到麻烦，需要他帮忙。(73)多年以来，他拉过多少辆发动不起来的过路车，连他自己也说不清。但他知道的唯一一点，便足以使人肃然起敬了，那便是"这一带的司机师傅基本上都认识我！"

如果说生命真是一种值得珍惜的缘分，在得人相帮之后，数十年如一日地相机助人，这又是怎样一种令人为之动容的惜缘方式呢？

71. 关于这个青年，下列哪项正确？
   A 非常热心
   B 开了修车部
   C 和作者很熟悉
   D 太太现在生病了

【题解】青年是帮作者把车拉到修车部，自己并没有修车部，B项是错误的；作者是去无人区拍摄纪录片时遇到的青年，他们并不熟悉，C项是错误的；根据文中"若干年前，有个过路的司机曾经拉过这位青年病重的妻子"可以知道，青年的妻子病重是很久以前的事，现在并没有生病，D项是错误的，由此可知，A项正确。

72. 青年不搬家的原因是：
   A 喜欢这儿的环境
   B 这儿的人很尊敬他
   C 希望可以帮到别人
   D 想找到那位好心司机

【题解】根据文中"此后他的家便一直安在这附近，没换过地方，总想着，没准哪天会有哪辆过路的汽车遇到麻烦，需要他帮忙"可以知道，青年不搬家是想帮助遇到困难的人。C项正确。

73. 这一带很多司机认识青年是因为：
   A 他的名气很大
   B 他搭过他们的车
   C 他懂的东西很多
   D 得到过他的帮助

【题解】根据文中"多年以来，他拉过多少辆发动不起来的过路车，连他自己也说不清。但他知道的唯一一点，便足以使人肃然起敬了，那便是'这一带的司机师傅基本上都认识我'"可以知道，青年这么多年来帮助了许多遇到困难的司机,替他们解决了麻烦,所以有很多司机都认识他。正确答案为 D。

74—77.

(74)想卖房,便在公共广告牌贴广告,我努力将一纸信息贴在了广告牌最高处。

第二天晚上,行至广告牌处,抬头望去大惊:(75)我贴的广告被别人的小广告盖住了。忙回家打开电脑,又输出一份再度贴上。

(75)第三天路过广告牌,发现所贴广告又被别人的小广告压在下面,仅剩一角露在外面。旁边一卖花的老大爷对我说:"从早晨到晚上,差不多有二三十人到这里贴广告,每个人都想把自己的广告贴在最上边,(76)因为人们总是习惯从最上边看起,结果每一个广告都存在不了一天。"我这才明白。

晚上,我将一份广告贴在了广告牌的一角,一连几天,我发现它都在那儿,直到将房卖掉,我才去把它撕下。

高处总是受人注意,高处的位置也总是被人争抢。因此,高处往往是不稳定的。角落虽然暗淡,但是正因为它的不(77)起眼,却能发挥出长效的作用。

74. 我贴的广告内容最可能是:
　　A 我的经济现状
　　B 房子的大概情况
　　C 我对工作的要求
　　D 我的年龄及身高

【题解】我贴广告是因为自己想卖房子,由此可知,广告内容是有关房子的,因此"经济现状、对工作的要求、年龄及身高"都不可能是广告的内容。正确答案为 B。

75. 我遇到了什么情况?
　　A 广告被别人撕去了
　　B 受到管理人员批评
　　C 别人的广告挡住了我的
　　D 没人对广告内容感兴趣

【题解】在我贴广告的第二天发现"我贴的广告被别人的小广告盖住了",第三天"发现所贴广告又被别人的小广告压在下面,仅剩一角露在外面",由此可知,正确答案为 C。

76. 卖花大爷的意思是:
　　A 等别人的广告贴上后再贴
　　B 好位置不一定就有好效果
　　C 换一个广告牌重新贴广告
　　D 这种形式的广告起不了作用

【题解】卖花大爷告诉我"从早晨到晚上,差不多有二三十人到这里贴广告,每个人都想把自己的广告贴在最上边,因为人们总是习惯从最上边看起,结果每一个广告都存在不了一天。"他的意思是,好位置人人都想要,因为广告存在的时间短,所以广告效果并不好,由此可知,正确答案为 B。

77. 最后一段中画线词语"起眼"最可能是什么意思？

A 值钱　**B 突出**　C 羡慕　D 难看

【题解】根据文中内容"角落虽然暗淡，但是正因为它的不起眼，却能发挥出长效的作用"可以知道，此处的"起眼"是用来形容"角落"的，是指显眼，引人注目，"不起眼"即"不突出"的意思，所以正确答案为 B。

78—82.

　　(78)每天早晨，爷爷都会早早起来，在餐桌旁读一本书。孙子也照样学样地在一旁模仿。

　　一天孙子问爷爷："(79)爷爷，我像您一样读这本书，可是我怎么也做不到全部读懂，而且读懂的那部分，合上书就忘个精光。您说读这个有用吗？"爷爷没有回答他的问题，而是转身把煤炭从装煤的篮子里放到旁边，他告诉孙子："(80)你把这篮子拿到河边，给我带一篮水回来。"男孩儿照着爷爷的话做了，可是在他到家之前，水就从篮子里漏光了。爷爷见状说："你下次应该走快点儿。"说着，(81)又让孙子进行第二次的尝试。这次男孩儿跑得更快了，但是在他回家之前篮子还是再一次地漏空了。他上气不接下气地告诉爷爷竹篮是打不了水的，他想要个桶打水。老人说："我要的不是一桶水，是一篮水。你还是没尽力啊。"(81)这次他来到门外，看着男孩儿的再一次尝试。虽然知道是个不可能完成的任务，但是男孩儿还是想让爷爷看见他已经尽了全力。男孩儿把篮子深深地沉入河中，提起后立刻往家跑。但是跑到爷爷面前时，篮子依然没水存下来。他对老人说："爷爷您看，一点儿用也没有啊！""你觉得没用吗？"老人说，"看看这篮子。"男孩儿看着篮子，突然意识到篮子跟他刚拿到手里的时候不一样了——这不是那个装过煤炭的脏篮子了，它已经变得从里到外都被河水冲洗得干干净净。爷爷这才对男孩儿说："孩子，你也许读不懂或者记不住书里讲的东西，但是在你读它的时候，从内心到外表都慢慢地发生着改变。(82)世上没有无用功，竹篮打水也不空啊。"

78. 每天早晨起来后，孙子：

A 要去锻炼身体
B 都帮爷爷打水
C 陪爷爷吃早餐
D 和爷爷一起看书

【题解】文中并没有提到吃早餐和锻炼身体，所以 A 和 C 是错误的，爷爷让孙子打水，只是想让他明白一个道理，并没有每天早上都去打水，B 项是错误的。根据文中"爷爷都会早早起来，在餐桌旁读一本书。孙子也照样学样地在一旁模仿"可以知道,孙子早上起来学着爷爷看书的样子,和爷爷一起看书。正确答案为D。

79. 孙子向爷爷反映:
　　A 自己的成绩不好
　　B 记不住书的内容
　　C 想换一本书看看
　　D 读书不如去工作

【题解】根据文中孙子问爷爷"爷爷,我像您一样读这本书,可是我怎么也做不到全部读懂,而且读懂的那部分,合上书就忘个精光。您说读这个有用吗"可以知道,孙子向爷爷反映两个问题:一是不能完全看懂书的内容,二是看懂的东西很快就忘记了。因此他没有和爷爷说自己的成绩不好,也没有提出想换一本书看,更没有认为读书没有用。正解答案为B。

80. 爷爷让孙子:
　　A 多练习跑步
　　B 用篮子装水
　　C 把篮子洗干净
　　D 从篮子里拿煤炭

【题解】根据文中内容"你把这篮子拿到河边,给我带一篮水回来"可以知道,爷爷给孙子一个竹篮,让他去河边打水。正确答案为B。

81. 孙子一共打了几次水?

A 一次　B 两次　**C 三次**　D 四次

【题解】根据文中"又让孙子进行第二次的尝试"、"他来到门外,看着男孩儿的再一次尝试"可以知道,孙子一共打了三次水。正确答案为C。

82. 爷爷想告诉孙子什么?
　　A 做事前要考虑后果
　　B 只要努力了就有收获
　　C 做任何事情都要认真
　　D 没有好身体什么事也做不成

【题解】虽然孙子打了三次水,都没有把水打回家,但是在爷爷的提示下,他发现经过三次打水,原来很脏的篮子变干净了,"世上没有无用功,竹篮打水也不空啊"的意思是,只要付出努力,就一定会有收获,爷爷通过竹篮打水的道理来告诉孙子读书的好处。正确答案为B。

83—86.

(83)从前有一位画家,很想画出一幅人人都能喜欢的画儿来。画完以后,他就到人群聚集的地方去展示。他在画儿的旁边放了一支笔,并附上说明:每一位观赏者,如果认为此画儿有欠缺之笔,均可在画儿中作出标记。(84)晚上,画家取回了画儿,发现在整个画面上都涂满了记号,没有一笔一划不被指责的。画家十分不快,对这次尝试感到失望和痛苦。

他决定换一种方式再试试。于是第二天又画了一幅同样的画儿,拿到原来的地方。这次附上的说明换了一种说法,他请每位观赏者将其最为欣赏的妙笔作出标记。当晚上他再次取回画儿时,他发现画面又被完全涂满了记号,一切被指责过的地方,又都换上了赞赏的标记。(85)同样被涂满标记的画儿,却代表了两种完全不同的结果,一种是完全的否定,一种是完全的赞赏。

画家这才明白:"(86)我们不管干什么,只要使一部分人满意就够了,因为,在有些人看来是丑恶的东西,在另一些人眼里则是美好的。"

83. 画家的愿望是:

A 自己的画儿非常值钱
B 自己可以多画几幅画儿
C 能够提高自己的水平
D 每个人都称赞自己的画儿

【题解】画家很想画出一幅人人都能喜欢的画儿,换言之,也就是希望每个人都喜欢、称赞自己的画儿。正确答案为D。

84. 画家不高兴是因为:

A 自己的画儿被弄烂了
B 认为自己没有名气
C 没有人肯定他的作品
D 画不出自己满意的画儿

【题解】画家的画儿只是被涂满了记号,没有烂,首先A是错误的;画家只是希望画一幅让大家喜欢的画儿,并没有在乎自己有没有名气,B也是错误的;他只是不知道自己画的画儿大家喜欢不喜欢,并不是自己不满意,D项也是错误的;他的每一笔每一划都被别人指责,因为自己的作品被所有人否定,所以他很不高兴。正解答案为C。

85. 第二天和第一天的结果:

A 差不多   B 有点相似
C 完全相反 D 还是一样

【题解】画家画了两幅同样的画儿,第一天"整个画面上都涂满了记号,没有一笔一划不被指责的",第二天"画面又被完全涂满了记号,一切被指责过的地方,又都换上了赞赏的标记",这两个结果完全相反。正确答案为C。

86. 通过这件事,画家明白了什么?

A 要正确认识自己
B 干什么都不容易
C 失败的时候也不要放弃
D 每个人都有自己的看法

【题解】由"同样被涂满标记的画儿,却代表了两种完全不同的结果,一种是完全的否定,一种是完全的赞赏"可知,画家明白了"在有些人看来是丑恶的东西,在另一些人眼里则是美好的",每个人都有自己不同的看法。正确答案为D。

87—90.

在经销商的办公室里,一个年轻人正在应征销售员工作。

经理看着眼前这位身材瘦弱的年轻人,忍不住先摇了摇头。(87)从外表看,这个年轻人显示不出(90)特别的销售魅力。他在问了姓名和学历后,又问道:"干过推销吗?"

"没有!"年轻人答道。

"那么,现在请回答几个有关销售的问题。"经理开始提问:"推销员的目的是什么?"

"让消费者了解产品,从而愿意去购买。"年轻人答道。

经理点点头,接着问:"你打算对推销对象怎样开始谈话?"

"'今天天气真好'或者'你的生意真不错'。"

经理还是只点点头。

"你有什么办法把打字机推销给农场主?"

年轻人稍稍想了一下,不紧不慢地回答:"抱歉,先生,我没办法把这种产品推销给农场主,因为他们根本就不需要。"

经理高兴得从椅子上站起来,拍拍他的肩膀,兴奋地说:"年轻人,很好,你通过了,我想你会成为很优秀的推销员!"

经理心中已认定这个年轻人将是一个出色的推销员,(89)因为测试的最后一个问题,只有这个答案令他满意,以前的应征者总是胡乱编造一些办法,但实际上绝对行不通,因为谁愿意买自己根本不需要的东西呢?

87. 经理为什么先摇了摇头?

A 年轻人很没礼貌
B 感觉自己非常累
C 想请年轻人出去
D 怀疑年轻人的能力

【题解】经理看到年轻人身体瘦弱,看不出他有什么特别的销售魅力,所以不太看好他,怀疑年轻人的工作能力。正确答案为 D。

88. 经理认为前几个问题年轻人回答得:

A 很精彩　　**B 很一般**
C 糟透了　　D 全错了

【题解】经理问了年轻人几个很一般的面试问题,年轻人回答的没有什么特色,所以选项 A、C、D 都是错误的,经理认为年轻人的回答很一般,所以只是点了点头,没有什么反应。正确答案为 B。

89. 经理录用年轻人的最主要原因是他:

A 很诚实　　B 讲信用
C 爱学习　　D 懂规矩

【题解】年轻人在回答最后一个问题的时候,没有像之前的应征者那样为了显示自己的销售能力,胡乱编造一些办法,而是老老实实地回答了自己真正的想法,这让经理认为他是一个诚实的人,因为他有诚实的美德,所以经理认为他会成为很优秀的推销员,从而录用了他。正确答案为 A。

90. 可以替换文中划线部分"特别"的词语是:

A 单独　B 极其　**C 独特**　D 特意

【题解】"特别"有格外、尤其、特意、不一般等几个意思,在这儿,是指年轻人没有什么与别人不一样的,没有自己特有的本事或能力。正确答案为 C。